1 Teig – 50 Kekse

AUTORINNEN: STEFANIE POZIOMBKA | BIRGIT RADEMACKER
FOTOS: MICHAEL BRAUNER

Praxistipps

Extra

6 Gefingert und gelöffelt

22 Gerollt und ausgestochen

44 Geformt und gekugelt

... nicht nur zur Weihnachtszeit

Als echte Keksfans finden wir, dass es gar nicht genug Vielfalt geben kann – und das zu jeder Zeit im Jahr. Deshalb haben wir unserer Lust nach Schokoladigem, Nussigem, Fruchtigem, Würzigem sowie hin und wieder Süß-Scharfem nachgegeben. Mal wollten wir ganz schnell sein und löffelten den Teig aufs Blech oder formten ihn ratzfatz mit den Fingern. Mal hatten wir viel Zeit, rollten den Teig hingebungsvoll aus und verzierten die Kekse liebevoll.

Und so hatten wir nussige Kekse zum Cappuccino oder Espresso, fruchtig-sommerliche zum Eistee und schokoladig-scharfe zum Kakao. Eigentlich hatten wir Kekse für jeden Tag. Und wir haben viele Kekse gebacken und unsere 50 liebsten in dieses Buch gesteckt.

Warum nur ein Teig?

Wir fanden es spannend, mit unserem Teig immer neue Rezepte zu kreieren und bestechend, wie vielfältig er ist. Und er hat noch einen Vorteil: Es ist durch den Grundteig ganz leicht, gleichzeitig mehrere Sorten zu backen. Sie teilen einfach den Grundteig und nehmen jeweils die entsprechende Menge der Zutaten aus dem Keksrezept. So entstehen ganz schnell auch mal 4 oder 6 Kekssorten. Ganz leicht können Sie Gäste in Erstaunen versetzen oder aber auch sich selbst mit dieser Vielfalt verwöhnen.

Bleibt mal Teig übrig, ist das auch nicht schlimm. Unser Teig nimmt es nicht übel, wenn Sie ihn erst am nächsten Tag weiterverarbeiten. Dazu den Teig luftdicht in Frischhaltefolie oder in einen Gefrierbeutel wickeln, damit er nicht austrocknet, und im Kühlschrank aufbewahren. Vor der Weiterverarbeitung am besten etwa 15 Min. bei Zimmertemperatur ruhen lassen und noch einmal durchkneten. So können Sie den Teig auch aufbewahren, wenn Sie eine Back-Pause einlegen möchten oder weil Ausrollen und Ausstechen etwas Zeit beanspruchen. Auf diese Weise bleibt der Teig immer gut formbar.

Wichtiges für alle Rezepte

Aus unseren Erfahrungen sind 10 wichtige Erfolgstipps entstanden, die für das gesamte Buch gelten. Deshalb haben wir sie dem Buch vorangestellt und nicht bei jedem Rezept wiederholt.

Übrigens konnten wir nicht widerstehen, unseren Teig auch herzhaft zuzubereiten. Wenn Sie auch gerne was Salziges knabbern, schauen Sie doch mal in die hintere Klappe.

Wir wünschen Ihnen gutes Gelingen und ebenso viel Spaß, wie wir hatten!

Einer für alle – der Teig

200 g Mehl
75 g Zucker
¼ TL Salz
1 Ei (Größe M)
100 g kalte Butter

Für 25–50 Stück | 20 Min. Zubereitung
Bei 50 Stück pro Stück ca. 35 kcal, 1 g EW, 2 g F, 4 g KH

1 Das Mehl, den Zucker und das Salz in einer Rührschüssel sorgfältig vermischen und das Ei in die Mitte geben. Die Butter in kleine Stücke schneiden und über das Ei und die Mehlmischung geben.

2 Alles mit den Knethaken des Handrührgerätes verrühren. Wenn der Teig eine krümelige Konsistenz hat, mit den Händen weiterkneten, bis eine gleichmäßige Teigkugel entstanden ist.

3 Die Teigkugel in Frischhaltefolie wickeln und nach Bedarf 30 Min. im Kühlschrank ruhen lassen.

VARIANTE – DINKELTEIG

Sie können das Weizenmehl problemlos durch Dinkelmehl ersetzen. Sollte der Teig etwas zu trocken oder krümelig werden (wenn z. B. Kakaopulver untergeknetet wird), geben Sie zusätzlich 1 EL Joghurt oder Butter dazu.

LIEBER SÜSSER?

Wir schätzen die Kekse nicht ganz so süß; wer es gerne süßer mag, nimmt mehr Zucker – bis zu 100 g.

KÜHLTIPP

Der Teig muss nicht generell kühlen. Dank der kalten Butter kann er meistens gleich weiterverarbeitet werden. Wenn aber z. B. aus Rollen Scheiben geschnitten werden, geht das leichter, wenn der Teig richtig kalt ist.

Gefingert und gelöffelt

Ein ganzes Kapitel voll kleiner Individualisten – jeder Keks ist liebevolle Handarbeit. Sie werden mit den Fingern oder mit Löffeln auf das Blech gekleckst und leicht in Form gebracht. Das macht bei den zarten, zitronig duftenden Zitronen-Kokos-Häufchen besonderes Vergnügen.

Zitronen-Kokos-Häufchen

200 g Mehl
75 g Zucker
1 Ei
¼ TL Salz
100 g kalte Butter
2 Bio-Zitronen
100 g weiße Kuvertüre
50 g Kokosflocken

Für 50 Stück
25 Min. Zubereitung | 12 Min. Backen pro Blech
Pro Stück ca. 55 kcal, 1 g EW, 3 F, 6 g KH

1 Den Backofen auf 180° vorheizen (Umluft 160°). Backbleche mit Backpapier belegen. Aus Mehl, Zucker, Ei, Salz und Butter mit dem Handrührgerät einen krümeligen Teig rühren.

2 Zitronenschale mit dem Zestenreißer abziehen, den Saft auspressen. Kuvertüre hacken. Alles mit den Kokosflocken mischen und unter den Teig rühren.

3 Mit den Fingern kleine Teigportionen abzupfen und auf das Backpapier setzen. Im Backofen (Mitte) in etwa 12 Min. goldgelb backen. Die Häufchen auf einem Rost abkühlen lassen.

schokoladig | gehaltvoll

Gefüllte Schoko-Nuss-Kekse

Knackige Nüsse, süße Rosinen und herbe Schokolade – eine Mischung, der kaum jemand widerstehen kann.

200 g Mehl
75 g Rohrzucker
1 Ei
1/4 TL Salz
100 g kalte Butter
50 g bittere Schokolade (s. TIPP)
50 ml Milch
100 g Studentenfutter
100 g Nuss-Nougat-Creme

Für 30 Stück
30 Min. Zubereitung | 8 Min. Backen pro Blech
Pro Stück ca. 105 kcal, 2 g EW, 6 F, 12 g KH

1 Den Backofen auf 180° vorheizen (Umluft 160°). Zwei Backbleche mit Backpapier belegen. Aus Mehl, Zucker, Ei, Salz und Butter mit dem Handrührgerät einen krümeligen Teig rühren.

2 Schokolade in kleine Stücke brechen. Die Milch erhitzen und die Schokolade unter Rühren darin schmelzen. Abkühlen lassen. Die Nüsse aus dem Studentenfutter heraussammeln, im Blitzhacker grob hacken. Schokoladenmilch, Nüsse und Rosinen vom Studentenfutter unter den Teig heben.

3 Mit zwei Teelöffeln kleine Portionen abstechen und mit genügend Abstand auf das Backpapier setzen. Im Backofen (Mitte) etwa 8 Min. backen. Auf einem Rost abkühlen lassen. Je 2 Kekse mit einem Klecks Nuss-Nougat-Creme zusammensetzen.

TIPP
Je nachdem, wie bitter man es mag, nimmt man Zartbitter-Schokolade oder Schokolade mit 60–70 % Kakao-Anteil.

VARIANTE – OHNE FÜLLUNG
Anstatt die Kekse mit Schokocreme zu füllen, können Sie die einzelnen Kekse mit einem feinen Gitter aus geschmolzener Kuvertüre überziehen.

VARIANTE – ROT-WEISSE SCHOKOKEKSE
Verwenden Sie statt der bitteren Schokolade weiße und ersetzen Sie das Studentenfutter durch 50 g getrocknete Kirschen und 50 g gehackte Macadamianüsse. Für die Garnitur 1 EL Johannisbeergelee in einen Gefrierbeutel füllen. Den Beutel zum Erwärmen des Gelees in heißes Wasser tauchen. Wenn das Gelee streichfähig ist, die Spitze des Beutels abschneiden und die abgekühlten Kekse mit roten Streifen verzieren.

orientalisch | gut zu Mokka

Würzige Kaffee-Kekse

200 g Mehl
75 g Rohrzucker
¼ TL Salz
1 Ei
100 g kalte Butter
20 g Espressobohnen
1 Vanilleschote
50 ml Milch
2 EL lösliches Kaffeepulver
je ½ TL gemahlener Zimt, Kardamom und schwarzer Pfeffer
50 g Nuss-Nougat-Creme

Für 50 Stück
30 Min. Zubereitung | 8 Min. Backen pro Blech
Pro Stück ca. 45 kcal, 1 g EW, 2 F, 5 g KH

1 Den Backofen auf 180° vorheizen (Umluft 160°). Zwei Backbleche mit Backpapier belegen. Aus Mehl, Zucker, Salz, Ei und Butter mit dem Handrührgerät einen krümeligen Teig rühren.

2 Die Espressobohnen im Mörser zerstoßen. Die Vanilleschote aufschlitzen, das Mark herausschaben. Mit Milch, Kaffeepulver und Gewürzen verrühren. Gewürzmilch, gestoßene Espressobohnen und Nuss-Nougat-Creme unter den Teig rühren.

3 Mit zwei Teelöffeln kleine Portionen abstechen und mit genügend Abstand auf das Backpapier setzen. Im Backofen (Mitte) etwa 8 Min. backen. Auf einem Rost abkühlen lassen.

exotisch | zart

Safran-Limetten-Kekse

200 g Mehl
75 g Zucker
¼ TL Salz
1 Ei | 100 g kalte Butter
100 g Zitronat (Sukkade), gewürfelt
1 Bio-Limette (Schale und Saft)
1 Msp. gemahlener Safran
100 ml Kokosmilch

Für die Glasur
2 EL Puderzucker
1 TL Kokosmilch

Für 50 Stück
25 Min. Zubereitung | 12 Min. Backen pro Blech
Pro Stück ca. 50 kcal, 1 g EW, 2 F, 7 g KH

1 Den Backofen auf 180° vorheizen (Umluft 160°). Zwei Backbleche mit Backpapier belegen. Aus Mehl, Zucker, Salz, Ei und Butter mit dem Handrührgerät einen krümeligen Teig rühren.

2 Das Zitronat eventuell noch etwas kleiner hacken. Die Limette sehr gründlich waschen und trockenreiben. Die Schale mit dem Zestenreißer abziehen. Den Saft auspressen (50 ml) und mit dem Safran verrühren. Mit Kokosmilch, Limettenschale und Zitronat unter den Teig rühren.

3 Mit zwei Teelöffeln kleine Portionen abstechen und mit genügend Abstand auf das Backpapier setzen. Im Backofen (Mitte) 12–15 Min. backen. Auf einem Rost abkühlen lassen.

4 Eine dickflüssige Glasur aus Puderzucker und Kokosmilch rühren, die Kekse mit feinen Kringeln, Streifen oder Blüten verzieren (s. Seite 64).

links: Würzige Kaffee-Kekse | rechts: Safran-Limetten-Kekse

saftig | ganz einfach

Apfel-Rosinen-Häufchen

200 g Mehl | 75 g Zucker | 1/4 TL Salz | 1 Ei | 100 g kalte Butter | 250 g säuerliche Äpfel | 1 EL Zitronensaft | 3 EL Ahornsirup | 50 g Rosinen | Puderzucker zum Bestreuen

Für 40 Stück
20 Min. Zubereitung | 12 Min. Backen pro Blech
Pro Stück ca. 55 kcal, 1 g EW, 2 F, 8 g KH

1 Backofen auf 180° (Umluft 160°) vorheizen. Zwei Bleche mit Backpapier belegen. Mehl, Zucker, Salz, Ei und Butter zu einem krümeligen Teig rühren.

2 Äpfel waschen, grob raspeln, mit Zitronensaft, Ahornsirup und Rosinen mischen und unter den Teig rühren. Mit Teelöffeln kleine Portionen auf das Backpapier setzen. Im Backofen (Mitte) in 10–12 Min. goldgelb backen. Lauwarm mit Puderzucker bestreuen.

fruchtig und frisch

Exotic-Happen

200 g Exotenmischung (Softfrüchte, z. B. aus Papaya, Mango, Ananas) | 200 g Mehl | 75 g Zucker | 1/4 TL Salz | 1 Ei (Größe M) | 5 EL Kokosmilch | 100 g kalte Butter | 20 g Kokosflocken

Für ca. 30 Stück
25 Min. Zubereitung | 14 Min. Backen pro Blech
Pro Stück ca. 85 kcal, 1 g EW, 4 g F, 12 g KH

1 Die Exotenmischung grob würfeln. Aus Mehl, Zucker, Salz, Ei, Kokosmilch, Exotenmischung und kalter Butter einen Teig kneten. Den Backofen auf 200° (Umluft 180°) vorheizen und ein Backblech mit Backpapier belegen.

2 Vom Teig mit Teelöffeln walnussgroße Stücke abnehmen, aufs Blech setzen und mit Kokosflocken bestreuen. Im Backofen (Mitte) 14 Min. backen. Auf einem Rost vollständig auskühlen lassen.

saftig | mögen Kinder gern

Aprikosen-Marzipan-Häufchen

200 g Mehl | 75 g Zucker | 1/4 TL Salz | 1 Ei | 100 g kalte Butter | 150 g Marzipanrohmasse | 150 g getrocknete Aprikosen (Softfrüchte)

Für 60 Stück |
25 Min. Zubereitung | 10 Min. Backen pro Blech
Pro Stück ca. 45 kcal, 1 g EW, 2 F, 6 g KH

1 Den Backofen auf 180° vorheizen (Umluft 160°). Zwei Backbleche mit Backpapier belegen. Aus Mehl, Zucker, Salz, Ei und Butter einen krümeligen Teig rühren. Marzipan und Aprikosen fein würfeln und unter den Teig kneten.

3 Mit den Fingern kleine Portionen abzupfen und auf das Backpapier setzen. Im Backofen (Mitte) in 10 Min. goldgelb backen.

... und weg sind sie

Orangen-Schoko-Häufchen

200 g Mehl | 75 g brauner Zucker | abgeriebene Schale von 1 Bio-Orange | 1/4 TL Salz | 1/4 TL Zimtpulver | 75 g Schokotropfen | 1 Ei (Größe M) | 100 g kalte Butter

Für ca. 30 Stück
25 Min. Zubereitung | 14 Min. Backenpro Blech
Pro Stück ca. 75 kcal, 1 g EW, 4 F, 9 g KH

1 Aus Mehl, Zucker, Orangenschale, Salz, Zimt, Schokotropfen, Ei und Butter einen Teig kneten. Den Backofen auf 200° (Umluft 180°) vorheizen und das Backblech mit Backpapier belegen.

2 Von dem Teig etwa walnussgroße Stücke abnehmen, etwas flach drücken und auf das Blech legen. Im Ofen (Mitte) 14 Min. backen. Die Kekse auf einem Rost vollständig auskühlen lassen.

wunderbar mürbe

Bananennocken mit Zitronenguss

Nicht nur für Kuchen sind Nuss, Banane und Zitrone ein tolles Trio. Mundgerechten Genuss versprechen diese kinderleichten Nocken. Gleich mal selber ausprobieren.

½ Banane
2 EL Zitronensaft
200 g Mehl
75 g Zucker
50 g gemahlene Haselnüsse
¼ TL Salz
1 Ei (Größe M)
100 g kalte Butter
ca. 36 Haselnusskerne
50 g Puderzucker

Außerdem:
1 kleiner Gefrierbeutel

Für ca. 36 Stück
25 Min. Zubereitung | 14 Min. Backen pro Blech
Pro Stück ca. 75 kcal, 1 g EW, 4 g F, 8 g KH

1 Die Bananenhälfte zusammen mit 1 EL Zitronensaft mit einer Gabel fein zerdrücken. Aus Mehl, Zucker, gemahlenen Haselnüssen, Salz, zerdrückter Banane, Ei und Butter einen Teig kneten. Den Backofen auf 200° (Umluft 180°) vorheizen und ein Backblech mit Backpapier belegen.

2 Mit zwei Teelöffeln etwa walnussgroße Nocken abstechen und aufs Blech setzen. Auf jede Nocke 1 Haselnusskern setzen und etwas hineindrücken. Die Kekse im Backofen (Mitte) 14 Min. backen und dann auf einem Rost auskühlen lassen.

3 Den Puderzucker mit dem restlichen Zitronensaft verrühren und in den Gefrierbeutel füllen (s. Seite 64). Von der Spitze eine kleine Ecke abschneiden und die Kekse um die Haselnuss herum mit Schlangenlinien verzieren. Den Guss vollständig trocknen lassen.

SCHOKOLADE – ZUM TRINKEN

Kaffee und Tee passen zu Keksen fast immer, aber manchmal muss es einfach Schokolade sein, damit der Genuss perfekt ist. Und zwar flüssige. Dafür circa 50 g Zartbitterschokolade (je nach Schokolust mehr oder weniger) grob hacken. ¼ l Milch langsam erwärmen und die Schokolade unter leichtem Rühren darin auflösen. Wer hat, nimmt zum Schluss den Milchaufschäumer und quirlt alles noch einmal auf.
Und jetzt ist die Gelegenheit, die Schokolade mit etwas Zimt, gemahlenem Koriander oder abgeriebener Orangenschale zu würzen. Die »geistig Anspruchsvollen« nehmen Amaretto, Orangenlikör oder Rum.
Und egal, welche Variante es wird, allen steht als Krönung eine Sahnehaube gut. Für 1 Becher Schokolade lassen sich 5 EL Sahne prima mit dem Milchaufschäumer aufschlagen. So wird die Sahne nicht ganz fest, sondern bleibt cremig. Das ist die perfekte Konsistenz, um die Schokolade durch die Sahnehaube zu schlürfen. Mmmm – lecker!

kernig mit Biss

Sonnige Mangohügel

100 g getrocknete Mangos
4 EL Joghurt
200 g Mehl
75 g Zucker
20 g Sonnenblumenkerne
1/4 TL Salz
1 Ei (Größe M)
100 g kalte Butter

Für 15 Stück
30 Min. Zubereitung | 14 Min. Backen pro Blech
Pro Stück ca. 150 kcal, 3 g EW, 7 g F, 20 g KH

1 Die Mangostücke klein würfeln, mit dem Joghurt verrühren und 15 Min. ziehen lassen. Aus Mehl, Zucker, Sonnenblumenkernen, Salz, Mango-Joghurt, Ei und Butter einen Teig kneten. Den Backofen auf 180° (Umluft 160°) vorheizen und ein Backblech mit Backpapier belegen.

2 Mit zwei Teelöffeln etwa walnussgroße Häufchen auf das Backblech setzen. Die Kekse im Backofen (Mitte) 14 Min. backen. Auf einem Rost auskühlen lassen.

TIPP – ZUTATEN TAUSCHEN

Zu Sonnenblumenkernen passen auch andere Trockenfrüchte wie Aprikosen, Pflaumen oder Cranberries.

Crispies sind nicht nur im Müsli gut

Karamell-Knusperkekse

200 g Mehl
75 g Zucker
1/4 Salz
4 TL Karamellsirup
1 Ei (Größe M)
100 g kalte Butter
40 g Weizencrispies (gibt's in gut sortierten Supermärkten, Reformhäusern, Drogeriemärkten)

Für 50 Stück
25 Min. Zubereitung | 12 Min Backen pro Blech
Pro Stück ca. 40 kcal, 1 g EW, 2 g F, 5 g KH

1 Aus Mehl, Zucker, Salz, Karamellsirup, Ei und Butter einen Teig kneten. Den Backofen auf 180° (Umluft 160°) vorheizen und zwei Backbleche mit Backpapier belegen.

2 Die Weizencrispies in eine flache Schüssel geben. Mit zwei Teelöffeln vom Teig murmelgroße Stücke abstechen und in den Crispies wälzen, bis sie rundum bedeckt sind. Die Kekse aufs Backblech setzen und im Backofen (Mitte) 12 Min. backen. Auf einem Rost auskühlen lassen.

FRISCHE-TIPP

Die Kekse möglichst gleich verknuspern, die Crispies werden sonst weich.

links: Sonnige Mangohügel | rechts: Karamell-Knusperkekse

Gipfel der Genüsse

Schokoberge

Einfach ganz flink mit den Fingern einen kleinen Berg formen, denn das Schöne ist: Hier darf wirklich jeder Keks anders aussehen.

200 g Mehl
75 g Zucker
40 g Kakaopulver
1/4 TL Salz
1 Ei (Größe M)
40 g Nuss-Nougat-Creme
100 g kalte Butter
100 g weiße Kuvertüre

Außerdem

1 kleiner Gefrierbeutel

Für ca. 20 Stück
30 Min. Zubereitung | 14 Min. Backen pro Blech
Pro Stück ca. 130 kcal, 3 g EW, 7 g F, 15 g KH

1 Aus Mehl, Zucker, Kakao, Salz, Ei, Nuss-Nougat-Creme und Butter einen Teig kneten. Den Backofen auf 180° (Umluft 160°) vorheizen. Ein Backblech mit Backpapier belegen.

2 Vom Teig knapp walnussgroße Stücke abnehmen, zu einem kleinen Berg mit Spitze formen. Die Schokoberge aufs Blech setzen und im Backofen (Mitte) 14 Min. backen. Auf einem Rost auskühlen lassen.

3 Die Kuvertüre vorsichtig bei mittlerer Hitze schmelzen lassen (siehe TIPP). Die Kuvertüre in eine Spitze des Gefrierbeutels füllen und eine kleine Ecke abschneiden (s. Seite 64). Die Kuvertüre auf die Spitzen der Kekse träufeln und herablaufen lassen, so dass sie wie bei einem schneebedeckten Gipfel nur einen Teil des Bergs bedeckt. Die Kuvertüre vollständig trocknen lassen.

TIPP – KUVERTÜRE SCHMELZEN

Kuvertüre immer langsam bei mittlerer Hitze schmelzen lassen. Bei zu hohen Temperaturen verbrennt sie leicht und es bilden sich Klümpchen, die sich nicht mehr auflösen lassen.

VARIANTE – SCHNEEBERGE MIT BRAUNEN GIPFELN

Die Zutaten des Grundrezepts (s. Seite 5) mit 100 g gemahlenen Mandeln verkneten. Wie beschrieben den Teig zu Bergen formen und backen. 100 g Vollmilch- oder Zartbitter-Kuvertüre schmelzen und über die Berge träufeln.

mit feinem Aroma | schnell gemacht

Mandel-Rosinen-Happen

50 g Rosinen
3 EL Amaretto (nach Belieben)
50 g Mandeln
200 g Mehl
75 g Zucker
¼ TL Salz
1 Ei (Größe M)
100 g kalte Butter

Für ca. 35 Stück
40 Min. Zubereitung | 12 Min. Backen pro Blech
Pro Stück ca. 70 kcal, 1 g EW, 3 g F, 8 g KH

1 Die Rosinen mit dem Amaretto (nach Belieben auch mit Wasser) vermengen und 15 Min. ziehen lassen. Die Mandeln grob hacken. Aus Mehl, Zucker, Mandeln, Salz, Ei, Rosinen mit Amaretto (Wasser abgießen) und Butter einen Teig kneten. Den Backofen auf 200° (Umluft 180°) vorheizen und ein Backblech mit Backpapier belegen.

2 Mit zwei Teelöffeln etwa walnussgroße Häufchen auf das Backblech setzen. Die Mandel-Rosinen-Happen im Backofen (Mitte) 12 Min. backen. Auf einem Rost auskühlen lassen.

zum Glück ganzjährig

Walnuss-Pflaumen-Bällchen

150 g Trockenpflaumen (Softfrüchte)
200 g Mehl
75 g Zucker
100 g gemahlene Walnüsse
¼ TL Salz
1 Ei (Größe M)
100 g kalte Butter
30 Walnusshälften
100 g Zartbitter-Kuvertüre

Für 30 Stück
30 Min. Zubereitung | 14 Min. Backen pro Blech
Pro Stück ca. 120 kcal, 2 g EW, 7 g F, 12 g KH

1 Die Pflaumen vierteln. Aus Mehl, Zucker, Walnüssen, Salz, Ei und kalter Butter einen Teig kneten. Den Backofen auf 180° (Umluft 160°) vorheizen und ein Backblech mit Backpapier belegen.

2 Von dem Teig etwa walnussgroße Stücke abnehmen und in die Mitte je 2–3 Pflaumenstückchen drücken. Den Teig sorgfältig darüber schließen und zu einem Bällchen formen. Auf das Bällchen 1 Walnusshälfte drücken. Die Bällchen aufs Blech setzen und im Backofen (Mitte) 14 Min. backen. Auf einem Rost auskühlen lassen.

3 Die Kuvertüre schmelzen (s. TIPP Seite 18). Jedes Bällchen mit der Unterseite in die Kuvertüre tauchen und zum Trocknen auf Backpapier setzen.

oben: Walnuss-Pflaumen-Bällchen | unten: Mandel-Rosinen-Happen

Gerollt und ausgestochen

Bitte ran ans Nudelholz: Den Teig platt machen und wieder hübsch in Form bringen, füllen und behutsam wieder aufrollen. Oder ausstechen und verzieren, wie hier bei den Ampelmännchen mit Limettenguss.

Limettenmännchen

2 Bio-Limetten
200 g Mehl
75 g Zucker
¼ TL Salz
1 Ei (Größe M)
100 g kalte Butter
100 g Puderzucker
grüne und rote Lebensmittelfarbe
Außerdem:
Ampelmännchen-Ausstecher

Für 36 Stück
35 Min. Zubereitung | 12 Min. Backen pro Blech
Pro Stück 60 kcal, 1 g EW, 3 g F, 9 g KH

1 Die Limetten heiß abwaschen und die Schale abreiben. 1 Limette auspressen. Aus Mehl, Zucker, Limettenschale, Salz, Ei und Butter einen Teig kneten. Den Backofen auf 200° (Umluft 180°) vorheizen und ein Backblech mit Backpapier belegen.

2 Zwischen zwei Stück Frischhaltefolie den Teig messerrückendick ausrollen und zu gleichen Teilen Stop- bzw. Go-Ampelmännchen ausstechen. Im Backofen (Mitte) 12 Min. backen. Auf einem Rost auskühlen lassen.

3 Den Puderzucker mit 2 EL Limettensaft anrühren, je eine Hälfte grün und rot einfärben und auf die Ampelmännchen streichen. Die Glasur gut trocknen lassen.

himmlisch gut

Himbeerwölkchen

Ein bisschen Einsatz verlangen sie schon, aber dafür wird man auch mit »Ahs« und »Ohs« belohnt.

Für das Baiser
1 Eiweiß
60 g Zucker
Für den Teig
400 g Mehl
150 g Zucker
½ TL Salz
2 Eier (Größe M)
200 g kalte Butter
Zum Füllen und Verzieren
1 Bio-Limette
6 EL Himbeerkonfitüre ohne Stücke und Kerne
100 g Zartbitter-Kuvertüre
Außerdem
1 kleiner Gefrierbeutel

Für 36 Stück | 1 Std. Zubereitung
1 Std. 30 Min. Baisers | 12 Min. Backen pro Blech
Pro Stück ca. 130 kcal, 2 g EW, 6 g F, 17 g KH

1 Am besten schon am Vortag für die Baisers das Eiweiß sehr steif schlagen. Unter weiterem Schlagen nach und nach den Zucker einrieseln lassen. Baisermasse in einen Spritzbeutel füllen. Auf ein mit Backpapier belegtes Backblech ca. 40 haselnussgroße Tupfen spritzen. Im Backofen bei leicht geöffneter Backofentür bei 100° (Mitte, Umluft 90°) 1 Std. 30 Min. trocknen. Die Baisers vollständig auskühlen lassen und bis zur Weiterverwendung luftdicht aufbewahren.

2 Aus Mehl, Zucker, Salz, Eiern und Butter einen Teig kneten. Den Backofen auf 200° (Umluft 180°) vorheizen und zwei Backbleche mit Backpapier auslegen.

3 Den Teig zwischen zwei Stück Frischhaltefolie messerrückendick ausrollen. Aus dem Teig Kreise mit ca. 5½ cm ∅ ausstechen. Aus der Hälfte der Kreise einen weiteren Kreis von 3 cm ∅ ausstechen, so dass ein Kringel entsteht.

4 Auf dem Backblech jeweils 1 Kreis und 1 Kringel zusammensetzen. Die Limette heiß abwaschen, abtrocknen, die Schale abreiben und den Saft auspressen. Beides mit der Himbeerkonfitüre verrühren. Jeweils ca. ½ TL Himbeerkonfitüre in die Mitte jedes Kekses geben. Kekse im Backofen (Mitte) 12 Min. backen. Auf einem Rost abkühlen lassen.

5 Die Kuvertüre schmelzen (s. TIPP Seite 18), in einen kleinen Gefrierbeutel füllen und vom Beutel eine kleine Ecke abschneiden (s. Seite 64). Die Kekse mit Kuvertürenstreifen verzieren und in die Mitte jedes Kekses 1 Baiser in die noch feuchte Schokolade setzen. Schokolade vollständig trocknen lassen.

TIPP
Wenn Sie keine entsprechende Himbeerkonfitüre bekommen, streichen Sie Ihre durch ein feines Sieb, um die Stückchen und Kerne zu entfernen.

1

2

3

4

5

saftig-fruchtig

Maronenröllchen

200 g Mehl
75 g brauner Rohrzucker
1/4 TL Salz | 1 Ei
100 g kalte Butter
1 Bio-Orange
200 g gegarte Maronen, vakuumverpackt
1/2 TL gemahlener Koriander
Zucker zum Abschmecken
3 EL Puderzucker
2 TL Orangensaft

Für 40 Stück
40 Min. Zubereitung | 12 Min. Backen pro Blech
Pro Stück ca. 60 kcal, 1 g EW, 2 F, 8 g KH

1 Aus Mehl, Zucker, Salz, Ei und Butter rasch einen Teig kneten. Zwei Backbleche mit Backpapier belegen. Den Backofen auf 180° (Umluft 160°) vorheizen.

2 Den Teig auf etwas Mehl dünn ausrollen (Bild 1). In etwa 40 Quadrate schneiden (5 x 5 cm). Die Orange heiß abwaschen und trockenreiben. Die Schale mit dem Zestenreißer abziehen, den Saft auspressen. Die Maronen zusammen mit Orangenschale und -saft pürieren. Die Maronencreme (Bild 2) mit Zucker und Koriander würzen.

3 Jeweils 1 gehäuften TL Füllung diagonal auf ein Teigquadrat setzen (Bild 3). Zwei Ecken des Quadrats über der Füllung zusammendrücken, so entstehen Röllchen (Bild 4). Diese auf das Backpapier setzen. Im Ofen (Mitte) in 12 Min. goldgelb backen. Auf einem Rost abkühlen lassen.

4 Aus Puderzucker und Orangensaft eine Glasur rühren. Die Röllchen mit feinen Streifen verzieren.

VARIANTE – AMARETTI-MARZIPAN-RÖLLCHEN

100 g gemahlene Mandeln, 1 Eiweiß, 150 g Marzipanrohmasse und 2 EL Amaretto (Mandel-Likör) miteinander verkneten. Statt der Maronencreme als Füllung verwenden.

VARIANTE – FLORENTINERRÖLLCHEN

60 ml Milch, 50 g Honig und 50 g Butter unter Rühren etwa 3 Min köcheln lassen. 50 g gehackte Walnusskerne, je 30 g Orangeat und Zitronat und 50 g Mandelstifte dazugeben. Die Masse abkühlen lassen und die Kekse damit füllen.

VARIANTE – MOHNRÖLLCHEN

200 ml Milch mit 80 g Zucker und 1 Stange Zimt aufkochen. 100 g gemahlenen Mohn und 50 g Grieß einrieseln lassen und mit dem Schneebesen glatt rühren. Bei schwacher Hitze 10 Min. quellen lassen. Dann die Zimtstange entfernen. Abgeriebene Schale von 1 Bio-Zitrone untermischen. Die Mohnmasse abkühlen lassen und die Kekse damit füllen.

SPEED-TIPP

Wenn's ganz schnell gehen muss, rollen Sie den Teig auf Backpapier aus, streichen die Lieblingsfüllung darauf und verzieren alles nach Belieben, z. B. mit Mandeln oder Nüssen. Ab in den vorgeheizten Ofen und 15–20 Min. backen. Abkühlen lassen und in Quadrate oder Rauten schneiden.

ingwerscharf | fruchtig

Exotische Ingwerrauten

50 g Ingwer in Sirup (gibt's in gut sortierten Supermärkten oder im Asienladen)
150 g Trockenfrüchte (z. B. Ananas, Aprikosen, Pfirsiche, Mangos)
40 g Butter
60 g Zucker
100 ml Ananassaft
100 g Mandelblättchen
200 g Mehl
75 g Zucker
¼ TL Salz
1 Ei
100 g kalte Butter
100 g Zartbitter-Kuvertüre

Für 60 Stück
40 Min. Zubereitung | 12 Min. Backen pro Blech
Pro Stück ca. 65 kcal, 1 g EW, 3 F, 7 g KH

1 Ingwer und Trockenfrüchte fein würfeln. Butter, Zucker und Ananassaft aufkochen lassen. Früchte und Mandelblättchen unterrühren. Abkühlen lassen.

2 Den Backofen auf 180° vorheizen (Umluft 160°). Ein Backblech mit Backpapier belegen. Aus Mehl, Zucker, Salz, Ei und Butter rasch einen Teig kneten.

3 Den Teig auf dem Backpapier ausrollen (etwa 40 x 40 cm). Die Fruchtmasse darauf verteilen. Im Backofen (Mitte) in 10–12 Min. goldgelb backen. Abkühlen lassen und in Rauten schneiden. Kuvertüre im Wasserbad schmelzen (s. TIPP Seite 18) und die Unterseiten der Schnitten damit bestreichen.

dekorativ | fruchtig

Himbeer-Kokos-Schnitten

200 g Mehl
75 g brauner Rohrzucker
¼ TL Salz
1 Ei
100 g kalte Butter
200 g Himbeerkonfitüre
50 ml Zitronensaft
2 Eiweiß
2 EL Zucker
100 g Kokosflocken

Für 50 Stück
30 Min. Zubereitung | 10 Min. Backen pro Blech
Pro Stück ca. 60 kcal, 1 g EW, 3 g F, 8 g KH

1 Aus Mehl, Zucker, Salz, Ei und Butter rasch einen Teig kneten. Ein Backblech mit Backpapier belegen. Den Backofen auf 180° vorheizen (Umluft 160°).

2 Den Teig auf Backpapier ausrollen und in 5 cm breite Streifen schneiden. Die Längsseiten jeweils zu einem Rand einrollen. Die Streifen mit der Konfitüre bestreichen.

3 Zitronensaft, Eiweiße und Zucker verrühren, mit Kokosflocken mischen und auf der Konfitüre verteilen. Im Backofen (Mitte) in 10 Min. goldgelb backen. Die Streifen in 3 cm breite Stücke schneiden und auf einem Rost abkühlen lassen.

oben: Himbeer-Kokos-Schnitten | unten: Exotische Ingwerrauten

fein | saftig-fruchtig

Aprikosentörtchen

Sie sind eigentlich etwas zu fein, um sie Keks zu nennen. Aber gerade in dieser Form zeigt unser Teig seine Vielseitigkeit.

200 g Mehl | 75 g Zucker | 1/4 TL Salz | 1 Ei | 100 g kalte Butter | 200 g Aprikosenkonfitüre | 4 EL Amaretto (nach Belieben) | 50 g gehackte Mandeln
flexible Tartelett-Form mit 15 Vertiefungen

Für 30 Stück
20 Min. Zubereitung | 15 Min. Backen pro Form
Pro Stück ca. 90 kcal, 1 g EW, 4 F, 12 g KH

1 Aus Mehl, Zucker, Salz, Ei und Butter rasch einen Teig kneten. Den Backofen auf 180° (Umluft 160°) vorheizen.

2 Die Konfitüre nach Belieben mit Amaretto verrühren. Den Teig in zwei Portionen teilen, eine Hälfte kalt stellen. Die andere Hälfte zu Rollen formen, in 15 gleich große Portionen teilen, flach drücken und die Tartelett-Förmchen damit auskleiden. Jeweils 1 Löffel Konfitüre hineinfullen. Mit gehackten Mandeln bestreuen.

3 Die Törtchen im Backofen (Mitte) in 15 Min. goldgelb backen. Die Törtchen in der Form etwas abkühlen lassen, herauslösen und auf einem Rost auskühlen lassen. Die zweite Hälfte des Teigs ebenso verarbeiten.

TIPP – FLEXIBLE FORMEN

Besonders gut geeignet sind flexible Tartelett- oder Mini-Muffinsformen aus Silikon. Da lassen sich die Törtchen schön leicht herauslösen.
Wenn Sie nicht genug Backformen haben, können Sie zusätzliche aus Back-Alufolie herstellen. Die vorhandenen Backformen mit der Folie auskleiden und einen 1 cm breiten Rand überstehen lassen. Teig und Füllung hineinfüllen, mit der Folie aus der Form heben, auf ein Backblech setzen und backen.

fein wie Konfekt

Schokotörtchen

150 g Sahne | 100 g bittere Schokolade | 200 g Mehl | 75 g Zucker | 1/4 TL Salz | 2 Eier | 100 g kalte Butter
flexible Tartelett-Form mit 15 Vertiefungen

Für 30 Stück
40 Min. Zubereitung | 20 Min. Backen pro Form
Pro Stück ca. 95 kcal, 1 g EW, 6 F, 9 g KH

1 Die Sahne erhitzen, Schokolade darin schmelzen. Den Backofen auf 180° vorheizen (Umluft 160°). Aus Mehl, Zucker, Salz, 1 Ei und Butter einen Teig kneten. Den Teig halbieren, eine Hälfte kühl stellen, mit der anderen die Förmchen auskleiden.

2 Das zweite Ei verquirlen und unter die abgekühlte Schokosahne schlagen. Die Hälfte in die Förmchen füllen, die Törtchen im Backofen (Mitte) 15–20 Min. backen. 5 Min. ruhen lassen, herauslösen und auskühlen lassen. Die zweite Hälfte des Teigs ebenso verarbeiten.

zart | saftig

Vanilletörtchen

1/2 Päckchen Vanille-Puddingpulver zum Kochen | 1/4 l Milch | 200 g Mehl | 95 g Zucker | 1/4 TL Salz | 2 Eier | 100 g Butter
flexible Tartelett-Form mit 15 Vertiefungen

Für 30 Stück
40 Min. Zubereitung | 20 Min. Backen pro Form
Pro Stück ca. 75 kcal, 1 g EW, 4 F, 9 g KH

1 Vanillepudding nach Packungsangabe mit Milch und 20 g Zucker zubereiten. Backofen auf 180° (Umluft 160°) vorheizen. Mehl, 75 g Zucker, Salz, 1 Ei und Butter zu einem Teig kneten. Den Teig halbieren, eine Hälfte kühl stellen, die andere in 15 Portionen teilen und die Formen damit auskleiden.

2 1 Ei verquirlen, unter den Pudding rühren. Die Hälfte der Füllung in die Formen füllen. Die Törtchen im Backofen (Mitte) 15–20 Min. backen. 5 Min. ruhen lassen, herauslösen und auf einem Rost auskühlen lassen. Die zweite Hälfte ebenso verarbeiten.

feiner Trüffel auf Keks

Gebäckpraline

Sie knuspert und zergeht dann doch ganz zart auf der Zunge. Diesen Genuss gibt es nirgendwo zu kaufen – auch ein schönes Geschenk an Familie und Freunde.

Für die Trüffelcreme
300 g Zartbitter-Kuvertüre
150 g Sahne
3 EL Puderzucker
150 g weiche Butter
3 EL Likör (z. B. Orangen-, Kirsch- oder Schokoladenlikör; nach Belieben)
Für den Teig
100 g Zartbitter-Kuvertüre
200 g Mehl
75 g Zucker
¼ TL Salz
1 Ei
100 g kalte Butter
Zum Überziehen
400 g Zartbitter-Kuvertüre

Für 100 Stück | 1 Std. 30 Min. Zubereitung
3 Std. 30 Min. Kühlen | 9 Min. Backen pro Blech
Pro Stück ca. 75 kcal, 1 g EW, 5 g F, 7 g KH

1 Für die Trüffelcreme die Zartbitter-Kuvertüre hacken. Die Sahne mit dem Puderzucker aufkochen lassen, vom Herd nehmen und die Kuvertüre darin unter Rühren schmelzen. Die Masse 3 Std. kühl stellen.

2 Für den Teig die Zartbitter-Kuvertüre schmelzen. Aus Mehl, Zucker, Salz, Kuvertüre, Ei und Butter einen Teig kneten. Den Backofen auf 180° (Umluft 160°) vorheizen und zwei Backbleche mit Backpapier belegen.

3 Den Teig zwischen zwei Stück Frischhaltefolie messerrückendick ausrollen. Kreise mit 3 cm ∅ (z. B. mit dem Schraubverschluss einer Flasche) ausstechen und aufs Blech legen. Im Backofen (Mitte) 9 Min. backen. Auf einem Rost vollständig auskühlen lassen.

4 Die gekühlte Schokoladenmasse mit dem Handrührgerät aufschlagen, die weiche Butter und dann nach Belieben den Likör unterschlagen. Die Trüffelmasse in einen Spritzbeutel füllen und auf jeden Keks 1 Tupfen spritzen oder mit einem Melonenausstecher je 1 Halbkreis abnehmen und aufsetzen. Anschließend 30 Min. kühl stellen.

5 Die Kuvertüre für den Überzug bei mittlerer Hitze schmelzen (s. TIPP Seite 18). Die Kekse kurz in die Kuvertüre tauchen und zum Trocknen auf Backpapier setzen. Die Gebäckpralinen kühl aufbewahren und innerhalb von 7 Tagen verzehren – oder verschenken.

orientalisch | fein zum Mokka

Knusprige Marzipan-Täschchen

200 g Mehl
75 g brauner Rohrzucker
1/4 TL Salz
1 Ei
100 g kalte Butter
150 g Marzipanrohmasse
2 EL Orangenblütenwasser
(gibt's in der Apotheke)
4 TL Puderzucker
Mehl zum Arbeiten

Für 35 Stück
40 Min. Zubereitung | 15 Min. Backen pro Blech
Pro Stück ca. 70 kcal, 1 g EW, 4 F, 9 g KH

1 Aus Mehl, Zucker, Salz, Ei und Butter rasch einen Teig kneten. Ein Backblech mit Backpapier belegen. Den Backofen auf 180° vorheizen (Umluft 160°).

2 Das Marzipan in 35 kleine Würfel schneiden und Röllchen daraus formen. Den Teig auf etwas Mehl etwa messerrückendick ausrollen. Mit einem Glas etwa 7 cm große Kreise ausstechen. Jeweils 1 Marzipanröllchen in die Mitte der Kreise legen, den Teig zusammenklappen, Ränder festdrücken. Die Täschchen auf das Backpapier setzen.

3 Im Backofen (Mitte) etwa 15 Min. backen. Die noch warmen Hörnchen mit Orangenblütenwasser bestreichen und dick mit Puderzucker bestreuen.

dekorativ | schön mürbe

Schoko-Mandel-Schichtkekse

200 g Mehl | 75 g Zucker
1/4 TL Salz | 1 Ei
100 g kalte Butter
4 EL Kakaopulver
2 EL Joghurt
150 g gehackte Mandeln
50 g Kuvertüre
Außerdem
1 kleiner Gefrierbeutel

Für 45 Stück
30 Min. Zubereitung | 10 Min. Backen pro Blech
Pro Stück ca. 105 kcal, 2 g EW, 7 F, 10 g KH

1 Den Backofen auf 180° vorheizen (Umluft 160°). Ein Backblech mit Backpapier belegen. Aus Mehl, Zucker, Salz, Ei und Butter einen Teig kneten. Den Teig in zwei Portionen teilen.

2 Die eine Hälfte mit Kakaopulver und Joghurt verkneten. Beide Teige jeweils zwischen zwei Stück Frischhaltefolie zu 2 Platten ausrollen (24 x 24 cm). Daraus 8 dunkle und 8 helle etwa 3 cm breite Streifen schneiden, je 6 mit gehackten Mandeln bestreuen. Jeweils 4 Streifen aufeinander legen – abwechselnd hell und dunkel –, die obere Schicht ohne Mandeln.

3 Die aufeinander geschichteten Streifen in 2 cm breite Stücke schneiden, auf das Backpapier setzen und im Backofen (Mitte) 10 Min. backen. Abkühlen lassen. Die Kuvertüre schmelzen (s. TIPP Seite 18), in einen Gefrierbeutel füllen (s. Seite 64) und die Kekse mit feinen Schokolinien verzieren.

oben: Knusprige Marzipan-Täschchen | unten: Schoko-Mandel-Schichtkekse

immer wieder anders | ganz einfach

Orangen-Mandel-Spiralen

Sie machen ganz schön was her, sind leicht zu rollen und jeder kann seine Lieblingsfüllung darin unterbringen.

200 g Mehl
75 g brauner Rohrzucker
¼ TL Salz
1 Ei
100 g kalte Butter
200 g Orangenmarmelade
2 EL Orangenlikör (ersatzweise Orangensaft)
100 g gehackte Mandeln

Für 50 Stück | 20 Min. Zubereitung
20 Min. Kühlen | 10 Min. Backen pro Blech
Pro Stück ca. 60 kcal, 1 g EW, 3 F, 7 g KH

1 Aus Mehl, Zucker, Salz, Ei und Butter rasch einen Teig kneten. Zwei Bleche mit Backpapier belegen.

2 Die Orangenmarmelade mit Orangenlikör und Mandeln mischen (wenn die Marmelade zu fest ist, vorher leicht erwärmen). Den Teig zwischen zwei Stück Frischhaltefolie zu 2 Platten von 20 x 25 cm ausrollen. Die obere Folie abziehen, die Teigplatten mit der Marmelade bestreichen und mithilfe der unteren Folie aufrollen (Bild 1). In die Folie wickeln und 20 Min. ins Tiefkühlfach legen. Den Backofen auf 180° vorheizen (Umluft 160°).

3 Die Rollen in etwa 1 cm dicke Scheiben schneiden (Bild 2) und auf das Backpapier setzen. Im Backofen (Mitte) in 10 Min. goldgelb backen. Auf einem Rost abkühlen lassen.

VARIANTE – PFLAUMENMUS-SPIRALEN

Statt der Orangenmarmelade 200 g Pflaumenmus verwenden, mit 2 EL Obstler und 100 g gehackten Walnusskernen mischen und wie oben verarbeiten.

VARIANTE – KIRSCHSPIRALEN

100 g entsteinte Sauerkirschen (Glas) grob hacken, mit 200 g Kirschkonfitüre und Mandelblättchen mischen und wie beschrieben verarbeiten.

VARIANTE – PISTAZIENSPIRALE

150 g ungesalzene Pistazienkerne im Blitzhacker fein hacken. Mit 250 g Marzipan und 2 EL Limettensaft verkneten. Zwischen Frischhaltefolie wie den Teig ausrollen. Auf die Teigplatten legen und wie oben beschrieben weiterverarbeiten.

SPEED-TIPP

Ganz ohne Wartezeit funktioniert's auch: Die Rollen ungekühlt auf das Blech setzen, 12–15 Min. backen und etwas abkühlen lassen. Dann in 2–3 cm dicke Scheiben schneiden. So werden es zwar keine Spiralen, weil die Rollen beim Backen etwas flacher werden. Dafür bleiben die Kekse wunderbar saftig.

in Bild 3 links: Kirschspiralen | Mitte: Pistazienspiralen | rechts: Orangen-Mandel-Spiralen

1

2

3

für alle Karamell-Fans

Pekannuss-Schnitten

Für den Teig
200 g Mehl
75 g Zucker
½ TL Salz
1 Ei
100 g kalte Butter
Für das Nusskaramell
200 g Pekannusskerne
100 g Butter
50 g Honig
100 g Zucker

Für 70 Stück
45 Min. Zubereitung | 12 Min. Backen pro Blech
Pro Stück ca. 65 kcal, 1 g EW, 5 g F, 5 g KH

1 Aus Mehl, Zucker, Salz, Ei und Butter einen Teig kneten. Den Backofen auf 200° (Umluft 180°) vorheizen. Eine Hälfte des Blechs mit Backpapier belegen und darauf den Teig ausrollen. Aus Alufolie eine Kante formen und an den Teigrand auf das Backblech setzen.

2 Für das Nusskaramell die Pekannüsse grob hacken. In einem Topf Butter, Honig und Zucker verrühren und unter ständigem Rühren bei mittlerer Hitze schmelzen. Wenn das Karamell hellbraun ist, die Nüsse unterrühren und das Karamell sofort auf dem Teig verteilen. Im Backofen (Mitte) 12 Min. backen. Direkt nach dem Backen mit einem scharfen Messer in 3 x 3 cm große Stücke schneiden.

TIPP – NICHT AUSTAUSCHBAR
Pekannüsse nicht durch Walnüsse ersetzen, Walnüsse enthalten viel mehr Fett.

weckt den Italiener in dir

Süße Calzoni

200 g Mehl
75 g Zucker
30 g gemahlene geschälte Mandeln
¼ TL Salz
1 Ei (Größe M)
¼ Fläschchen Bittermandelaroma
100 g kalte Butter
1 Glas Amarenakirschen (140 g)
50 g Mandelblättchen

Für 35 Stück
35 Min. Zubereitung | 12 Min. Backen pro Blech
Pro Stück ca. 65 kcal, 1 g EW, 4 g F, 7 g KH

1 Aus Mehl, Zucker, gemahlenen Mandeln, Salz, Ei, Bittermandelaroma und Butter einen Teig kneten. Den Backofen auf 200° (Umluft 180°) vorheizen und ein Backblech mit Backpapier belegen.

2 Die Amarenakirschen abtropfen lassen. Die Mandelblättchen auf einem Teller verteilen. Den Teig zwischen 2 Stück Frischhaltefolie messerrückendick ausrollen und Kreise von ca. 5 cm Ø ausstechen. Je 1 Kirsche auf jeden Kreis legen, die Hälfte des Kreises darüber schlagen und die Ränder sorgfältig zusammendrücken. Das entstandene Täschchen von beiden Seiten in die Mandelblättchen drücken. Im Backofen (Mitte) 12 Min. backen. Auf einem Rost auskühlen lassen.

oben: Pekannuss-Schnitten | unten: Süße Calzoni

wunderbar zum Kaffee

Nussstreusel-Taler

Für den Teig
200 g Mehl | 75 g Zucker | ¼ TL Salz |
1 Ei (Größe M) | 100 g kalte Butter
Für die Streusel
100 g gemahlene Walnüsse | 40 g Mehl |
100 g brauner Zucker | ¼ TL Zimtpulver |
100 g Butter

Für 50 Stück
30 Min. Zubereitung | 10 Min. Backen pro Blech
Pro Stück ca. 75 kcal, 1 g EW, 5 g F, 7 g KH

1 Aus Mehl, Zucker, Salz, Ei und Butter einen Teig kneten. Den Backofen auf 200° (Umluft 180°) vorheizen und ein Backblech mit Backpapier belegen.

2 Den Teig zwischen zwei Stück Frischhaltefolie messerrückendick ausrollen, Kreise von 5 cm ∅ ausstechen und aufs Blech legen. Für die Streusel gemahlene Walnüsse, Mehl, Zucker und Zimt vermengen. Die Butter in Flöckchen dazugeben und alles mit den Fingern zu Streuseln krümeln. Die Streusel auf den Keksen verteilen. Im Backofen (Mitte) 10 Min. backen. Auf einem Rost auskühlen lassen.

VARIANTE – MIT SCHOKO

Wenn Sie es gerne schokoladig mögen, können Sie auch noch 50 g Schokotropfen unter die Streusel mischen.

AUSTAUSCH-TIPP

Und haben Sie mal keine Walnüsse zu Hause, können Sie auch gemahlene Haselnüsse oder Mandeln nehmen.

frisch am besten

Saure-Sahne-Dreiecke

200 g Mehl | 75 g Zucker | 1/4 TL Salz | 1 Ei | 100 g kalte Butter | 100 g saure Sahne | 1 Eigelb | 40 g Hagelzucker

Für 70 Stück
25 Min. Zubereitung | 12 Min. Backen pro Blech
Pro Stück ca. 30 kcal, 0 g EW, 2 g F, 4 g KH

1 Aus Mehl, Zucker, Salz, Ei und Butter einen Teig kneten. Den Backofen auf 180° vorheizen und zwei Backbleche mit Backpapier belegen.

2 Den Teig zwischen zwei Stück Frischhaltefolie messerrückendick ausrollen, in ca. 5 cm breite Streifen schneiden und diese im Zickzack in Dreiecke teilen. Die saure Sahne und das Eigelb verquirlen, mit einem kleinen Löffel auf die Dreiecke streichen und den Hagelzucker darüber streuen. Im Backofen (Mitte) 12 Min. backen. Auf einem Rost auskühlen lassen.

fein zum Tee

Rosenkekse

200 g Mehl | 75 g Zucker | 1/4 TL Salz | 1 Ei | 100 g kalte Butter | 4 EL Mandelblättchen | 100 g Puderzucker | 2 EL Rosenwasser

Für 70 Stück
40 Min. Zubereitung | 7 Min. Backen pro Blech
Pro Stück ca. 35 kcal, 0 g EW, 1 g F, 5 g KH

1 Aus Mehl, Zucker, Salz, Ei und Butter einen Teig kneten. Den Backofen auf 200° (Umluft 180°) vorheizen und zwei Bleche mit Backpapier belegen.

2 Die Mandelblättchen mit den Fingern etwas zerbröseln, auf einen Teller geben. Den Teig zwischen zwei Stück Frischhaltefolie messerrückendick ausrollen, kleine Formen wie Vögel o. Ä. mit 3 cm ∅ ausstechen. Den Keks mit der Unterseite in die Mandeln drücken und aufs Blech legen. Im Backofen (Mitte) 7 Min. backen. Puderzucker mit Rosenwasser verrühren und auf die lauwarmen Kekse streichen.

erfrischend schokoladig

Mintkissen

200 g Mehl
75 g Zucker | 1/4 TL Salz
1 Ei (Größe M)
100 g kalte Butter
30 Pfefferminztaler (Pfefferminzfondant, mit Zartbitterschokolade überzogen)
1 Eigelb | 2 EL Milch
100 g Zartbitter-Kuvertüre

Außerdem
1 kleiner Gefrierbeutel

Für 30 Stück
30 Min. Zubereitung | 14 Min. Backen pro Blech
Pro Stück ca. 115 kcal, 1 g EW, 5 g F, 15 g KH

1 Aus Mehl, Zucker, Salz, Ei und Butter einen Teig kneten. Den Backofen auf 180° (Umluft 160°) vorheizen und ein Backblech mit Backpapier auslegen.

2 Den Teig zwischen zwei Stück Frischhaltefolie messerrückendick ausrollen und 60 Kreise von 5–6 cm ∅ ausstechen. Auf 30 Kreise je 1 Pfefferminztaler legen. Das Eigelb mit der Milch verschlagen, dünn auf den Rand der anderen Kreise pinseln. Jeweils 1 Kreis ohne und 1 mit Pfefferminztaler zusammensetzen und den Rand sehr sorgfältig zusammendrücken. Die Mintkissen im Backofen (Mitte) 12 Min. backen. Auf einem Rost auskühlen lassen.

3 Die Kuvertüre schmelzen (s. TIPP Seite 18), in einen Gefrierbeutel füllen und davon eine kleine Ecke abschneiden. Auf die Mintkissen mit der Kuvertüre ein Karomuster spritzen. Die Kuvertüre trocknen lassen.

rasch verzehren

Holundermakronen

Für den Teig
200 g Mehl
75 g Zucker
1/4 TL Salz
1 Ei (Größe M)
100 g kalte Butter

Für die Makronenmasse
3 Eiweiß
150 g Zucker
6 EL Holunderblütensirup
250 g gemahlene geschälte Mandeln

Für 50 Stück
40 Min. Zubereitung | 25 Min. Backen pro Blech
Pro Stück ca. 85 kcal, 2 g EW, 4 g F, 10 g KH

1 Aus Mehl, Zucker, Salz, Ei und Butter einen Teig kneten. Den Backofen auf 150° (Umluft 140°) vorheizen und zwei Backbleche mit Backpapier auslegen.

2 Den Teig zwischen zwei Stück Frischhaltefolie messerrückendick ausrollen. Kreise von 5 cm ∅ ausstechen und aufs Blech legen.

3 Die Eiweiße sehr steif schlagen. Dann nach und nach den Zucker einrieseln lassen. Den Sirup unterschlagen. Vorsichtig die Mandeln unterziehen. Auf jeden Teigkreis 1 Klecks Makronenmasse geben. Im Backofen (Mitte) 25 Min. backen. Auf einem Rost abkühlen lassen.

links: Mintkissen | rechts: Holundermakronen

Geformt und gekugelt

Kugeln sind wie geschaffen für eine Überraschung. Man kann in ihnen etwas verstecken oder sie in einen feinen Mantel hüllen. Bei den Nougatkugeln haben wir beides gemacht: Nougat versteckt und mit Krokant umhüllt. Also bitte Finger lockern und loslegen.

Nougatkugeln

200 g Mehl
75 g Zucker
¼ TL Salz
1 Ei (Größe M)
100 g kalte Butter
60 g Nussnougat
100 g Haselnusskrokant

Für 55 Stück
30 Min. Zubereitung | 12 Min. Backen pro Blech
Pro Stück ca. 40 kcal, 1 g EW, 2 g F, 5 g KH

1 Aus Mehl, Zucker, Salz, Ei und Butter einen Teig kneten. Den Backofen auf 200° (Umluft 180°) vorheizen und ein Backblech mit Backpapier belegen.

2 Das Nougat in Würfel von 0,5 x 0,5 cm schneiden. Vom Teig gut murmelgroße Stücke abnehmen, in die Mitte je 1 Stück Nussnougat drücken, den Teig darüber schließen, zu einer Kugel formen und im Krokant wälzen. Im Backofen (Mitte) 12 Min. backen. Auf einem Rost abkühlen lassen.

TIPP – KROKANT SELBER HERSTELLEN
Macht etwas Arbeit, schmeckt aber hausgemacht so gut: 10 g Butter in der Pfanne zerlassen, nach und nach 150 g Zucker dazugeben und darin karamellisieren. 150 g geschälte, gehackte Mandeln oder Nüsse dazugeben und leicht bräunen lassen. Die Masse glatt auf einer gefetteten Folie verteilen und abkühlen lassen. Mit einem Nudelholz zerstoßen.

1
2
3
4
5

dekorativ | feines Teegebäck

Zitronenbrezeln

1 Bio-Zitrone
200 g Mehl
75 g Zucker
¼ TL Salz | 1 Ei
100 g kalte Butter
1 Päckchen Bourbon-Vanillezucker
2 EL Puderzucker

Für 50 Stück
50 Min. Zubereitung | 6 Min. Backen pro Blech
Pro Stück ca. 40 kcal, 1 g EW, 2 F, 5 g KH

1 Die Zitrone waschen, Schale abreiben. Aus Mehl, Zucker, Salz, Ei, Butter, Zitronenschale und Vanillezucker rasch einen Teig kneten (Bild 1). Den Backofen auf 180° vorheizen (Umluft 160°). Zwei Backbleche mit Backpapier belegen.

2 Den Teig zu Rollen formen und diese in 50 Stücke schneiden (Bild 2). Aus jedem Stück einen dünnen Strang rollen (Bild 3) und direkt auf dem Backpapier zu einer Brezel formen (Bild 4).

3 Im Backofen (Mitte) in 6–8 Min. hellgelb backen. Auf einem Rost abkühlen lassen. Die Zitrone auspressen. Aus dem Puderzucker und 2–3 TL Zitronensaft einen Zuckerguss rühren. Die Brezeln damit bestreichen.

zart-mürbes Teegebäck

Orangenbällchen

200 g Mehl
75 g Zucker
¼ TL Salz
1 Ei
100 g kalte Butter
1 Vanilleschote
1 Bio-Orange
4 EL Zucker

Für 60 Stück
30 Min. Zubereitung | 10 Min. Backen pro Blech
Pro Stück ca. 35 kcal, 0 g EW, 2 F, 5 g KH

1 Den Backofen auf 180° vorheizen (Umluft 160°). Zwei Bleche mit Backpapier belegen. Aus Mehl, Zucker, Salz, Ei und Butter rasch einen Teig kneten.

2 Die Vanilleschote aufschlitzen, das Mark herauskratzen. Orange waschen, Schale mit dem Zestenreißer abziehen. Vanillemark und Orangenschale unter den Teig kneten.

3 Den Teig zu Rollen formen, 2–3 cm dicke Scheiben abschneiden und diese zu Bällchen rollen. Die Bällchen in Zucker wälzen und auf das Backpapier setzen. Im Backofen (Mitte) 10 Min. backen. Sie sollen nicht braun werden. Auf einem Rost abkühlen lassen.

VARIANTE – MIT ZUCKERGUSS

Die Bällchen nicht in Zucker wälzen. Die gebackenen, abgekühlten Bällchen mit einem dicken Guss aus 4 EL Puderzucker und 3–4 TL Zitronensaft überziehen.

in Bild 5 oben: Orangenbällchen | unten: Zitronenbrezeln

süß-scharfer Gaumenkitzel

Schoko-Chili-Kugeln

200 g Mehl
75 g Zucker
¼ TL Salz
1 Ei
100 g kalte Butter
3 EL Kakaopulver
¼ TL Chiliflocken oder Cayennepfeffer
1 EL Joghurt

Für den Guss

100 g Zartbitter-Kuvertüre
Cayennepfeffer nach Geschmack

Für 80 Stück
30 Min. Zubereitung | 10 Min. Backen pro Blech
Pro Stück ca. 30 kcal, 0 g EW, 2 F, 3 g KH

1 Den Backofen auf 180° vorheizen (Umluft 160°). Zwei Backbleche mit Backpapier belegen. Aus Mehl, Zucker, Salz, Ei, Butter, Kakaopulver, Chiliflocken und Joghurt rasch einen Teig kneten.

2 Aus dem Teig etwa 2 cm dicke Kugeln formen und diese auf das Backpapier setzen. Im Backofen (Mitte) 8–10 Min. backen. Auf einem Rost abkühlen lassen.

3 Für den Guss die Kuvertüre schmelzen (s. TIPP Seite 18), nach Geschmack mit Cayennepfeffer schärfen und die Kugeln damit überziehen. Auf einem Pralinengitter oder auf Backpapier trocknen lassen.

sauer macht lustig!

Zitronenstangen

1 große Bio-Zitrone
200 g Mehl
75 g Zucker
¼ TL Salz
1 Ei (Größe M)
100 g kalte Butter
100 g Puderzucker
100 g Zartbitter-Kuvertüre

Für 40 Stück
30 Min. Zubereitung | 10 Min. Backen pro Blech
Pro Stück ca. 70 kcal, 1 g EW, 3 g F, 9 g KH

1 Die Zitrone heiß abwaschen, die Schale abreiben und den Saft auspressen. Aus Mehl, Zucker, Zitronenschale, Salz, 3 EL Zitronensaft, Ei und Butter einen Teig kneten. Den Backofen auf 180° (Umluft 160°) vorheizen und ein Backblech mit Backpapier belegen.

2 Vom Teig knapp walnussgroße Stücke abnehmen, diese zu 5 cm langen Röllchen formen und aufs Blech legen. Im Backofen (Mitte) 10 Min. backen. Auf einem Rost auskühlen lassen.

3 Den Puderzucker mit 2 EL Zitronensaft verrühren. Die Zitronenstangen bis zur Hälfte eintauchen und den Guss trocknen lassen. Die Kuvertüre schmelzen (s. TIPP Seite 18), die andere Hälfte der Zitronenstangen eintauchen und die Kuvertüre ebenfalls trocknen lassen.

oben: Zitronenstangen | unten: Schoko-Chili-Kugeln

ganz einfach | zart

Marmorgebäck

Je kleiner desto feiner. Die mürben Rollenkekse halten sich in Dosen verpackt prima ein bis zwei Wochen.

200 g Mehl | 75 g Zucker | 1/4 TL Salz | 1 Ei | 100 g kalte Butter | 4 EL Kakaopulver | 2 EL Joghurt | 100 g Zartbitter-Kuvertüre

Für 70 Stück
30 Min. Zubereitung | 10 Min. Backen pro Blech
Pro Stück ca. 30 kcal, 1 g EW, 2 F, 4 g KH

1 Den Backofen auf 180° vorheizen (Umluft 160°). Zwei Backbleche mit Backpapier belegen. Aus Mehl, Zucker, Salz, Ei und Butter rasch einen Teig kneten. Den Teig in zwei Portionen teilen.

2 Eine Teighälfte mit Kakao und eine mit Joghurt verkneten. Aus beiden Teigen je 4 dunkle und 4 helle etwa fingerdicke Rollen formen. Je 1 helle und dunkle zu einer Kordel verdrehen und diese zu einer Rolle oder einem eckigen Strang formen. Dadurch entstehen unregelmäßige Muster im Teig.

3 Die Teigstränge in 1–2 cm dicke Scheiben schneiden und auf dem Blech etwas flach drücken. So erhalten Sie runde oder quadratische Plätzchen. Oder die Teigstücke zwischen den Fingern zu Würfeln formen. Auf das Backpapier setzen und je nach Dicke 8–10 Min backen. Auf einem Rost abkühlen lassen.

4 Die Kuvertüre schmelzen (s. TIPP Seite 18) und die Kekse mit der Unterseite eintauchen. Auf dem Rost trocknen lassen.

TIPP

Je dünner Sie die Teigstränge formen, desto kleiner und feiner werden die Kekse. Sieht schön aus und dauert nicht viel länger.

schnell gerollt

Schoko-Scheiben

200 g Mehl | 75 g Zucker | 1/4 TL Salz | 1 Ei | 100 g kalte Butter | 4 EL Kakaopulver | 2 EL Joghurt | 100 g Johannisbeergelee

Für 90 Stück | 25 Min. Zubereitung
20 Min. Kühlen | 8 Min. Backen pro Blech
Pro Stück ca. 25 kcal, 0 g EW, 1 F,3 g KH

1 Mehl, Zucker, Salz, Ei und Butter verkneten. Teig halbieren. Eine Hälfte mit Kakao und eine mit Joghurt verkneten. Aus beiden Teigen gleich lange 3 cm dicke Rollen formen.

2 Die hellen Rollen längs zur Hälfte einschneiden, zwischen Frischhaltefolie zu ca. 7 cm breiten Streifen ausrollen. Mit Gelee bestreichen, die Schokorollen darin einwickeln. In Folie 20 Min. tiefkühlen. Backofen auf 180° vorheizen (Umluft 160°). Zwei Backbleche mit Backpapier belegen. Die Rollen in 1 cm dicke Scheiben schneiden, auf das Blech setzen. Im Backofen (Mitte) 8 Min. backen.

voller Schokogenuss

Schoko-Cookies

200 g Mehl | 75 g Zucker | 1/4 TL Salz | 1 Ei | 100 g kalte Butter |3 EL Kakaopulver | 2 EL Joghurt | 75 g zartbittere Schokotropfen | 100 g Kuvertüre nach Belieben

Für 50 Stück | 20 Min. Zubereitung
20 Min. Kühlen | 10 Min. Backen pro Blech
Pro Stück ca. 55 kcal, 1 g EW, 3 F, 6 g KH

1 Den Backofen auf 180° vorheizen (Umluft 160°). Zwei Bleche mit Backpapier belegen. Aus Mehl, Zucker, Salz, Ei, Butter, Kakaopulver, Joghurt und Schokotropfen einen Teig kneten. Daraus etwa 50 kleine Kugeln formen, auf das Backpapier setzen und flach drücken. Im Ofen (Mitte) etwa 10 Min. backen. Auf dem Rost abkühlen lassen.

2 Die Cookies nach Belieben mit Kuvertüre überziehen. Für einen gefleckten Guss helle und dunkle Schokolade mit zwei Teelöffeln auf die Kekse tropfen.

herb-süß | macht was her

Mohn-Preiselbeer-Küsschen

150 g Marzipanrohmasse
200 g Mehl
75 g Zucker
¼ TL Salz
1 Ei
100 g kalte Butter
50 g gemahlener Mohn
200 g Preiselbeeren aus dem Glas

Für 70 Stück
30 Min. Zubereitung | 12 Min. Backen pro Blech
Pro Stück ca. 45 kcal, 1 g EW, 2 F, 5 g KH

1 Die Marzipanrohmasse in kleine Stücke schneiden. Den Backofen auf 180° vorheizen (Umluft 160°). Zwei Backbleche mit Backpapier belegen.

2 Aus Mehl, Zucker, Salz, Ei, Butter und Mohn einen Teig kneten. Mit Marzipan locker verkneten. Aus dem Teig Rollen von etwa 3 cm ∅ formen, 2 cm dicke Scheiben abschneiden und auf das Backpapier setzen.

3 Mit dem Finger eine Vertiefung in die Scheiben drücken und je 1 Klecks Preiselbeeren hineinsetzen. Die Küsschen im Backofen (Mitte) 12 Min. backen. Auf einem Rost abkühlen lassen.

fein buttrig

Macadamia-Mango-Taler

150 g getrocknete Mangos
40 g Puderzucker
4 EL Zitronensaft
75 ml Orangensaft
150 g ungesalzene Macadamianüsse
200 g Mehl
75 g Zucker
¼ TL Salz
1 Ei
100 g kalte Butter

Für 50 Stück
40 Min. Zubereitung | 10 Min. Backen pro Blech
Pro Stück ca. 70 kcal, 1 g EW, 4 F, 7 g KH

1 Mangos in kleine Würfel schneiden, mit Puderzucker, Zitronen- und Orangensaft mischen. Macadamianüsse grob hacken und untermischen. Aus Mehl, Zucker, Salz, Ei und Butter rasch einen Teig kneten. Den Backofen auf 180° vorheizen (Umluft 160°). Zwei Backbleche mit Backpapier belegen.

2 Aus dem Teig Rollen von etwa 3 cm ∅ formen, 2 cm dicke Scheiben abschneiden, auf das Backpapier setzen und flach drücken. Je 1 TL Mango-Nussmischung darauf streichen. Die Taler im Backofen (Mitte) 10–12 Min. backen. Auf einem Rost abkühlen lassen.

VARIANTE

Sie können statt der Macadamianüsse auch gut Walnüsse verwenden.

links: Mohn-Preiselbeer-Küsschen | rechts: Walnuss-Mango-Taler (Variante)

oben fruchtig, unten knusprig

Hagebutten-Sesam-Tropfen

200 g Mehl | 75 g Zucker | 1/4 TL Salz |
1 Ei (Größe M) | 100 g kalte Butter |
40 g Sesamsamen | 4 EL Hagebuttenkonfitüre |
1 kleiner Gefrierbeutel zum Einfüllen der Konfitüre

Für 40 Stück
25 Min. Zubereitung | 12 Min. Backen pro Blech
Pro Stück ca. 55 kcal, 1 g EW, 3 g F, 7 g KH

1 Aus Mehl, Zucker, Salz, Ei und Butter einen Teig kneten. Den Backofen auf 200° (Umluft 180°) vorheizen und zwei Backbleche mit Backpapier belegen.

2 Vom Teig knapp walnussgroße Stücke abnehmen, rund drehen, etwas flach drücken und mit der Unterseite in die Sesamsamen drücken. Die Kekse aufs Blech setzen und in jedes eine kleine Mulde drücken. Die Konfitüre in den Gefrierbeutel füllen, eine Ecke abschneiden und jede Keksmulde mit Konfitüre füllen. Im Backofen (Mitte) 12 Min. backen. Auf einem Rost abkühlen lassen.

VARIANTE – MIT NUSS

Nicht nur Hagebutte und Sesam passen gut zusammen. Prima sind auch Nougatcreme und Haselnusskrokant oder Brombeergelee und fein gehackte Walnüsse.

VARIANTE – MIT ZITRONE

Erfrischend ist die Kombination von Lemon-Curd und gehackten Mandeln. Wer es noch zitroniger mag, knetet zusätzlich die abgeriebene Schale von 1/2 Bio-Zitrone unter den Teig.

VARIANTE – KUNTERBUNT

Schön bunt werden die Kekse, wenn Sie sie mit Erdbeer- oder Himbeermarmelade füllen und in bunte Zuckerstreusel drücken.

wirklich gesalzen? – ja!

Macadamia-Cookies

60 g gesalzene Macadamianüsse | 2 Riegel weiße Schokolade (ca. 33 g) | 75 g Zucker | 1 TL Zuckerrübensirup | 200 g Mehl | 1/4 TL Salz | 1 Ei (Größe M) | 100 g kalte Butter

Für 40 Stück | 35 Min. Zubereitung
30 Min. Kühlen | 14 Min. Backen pro Blech
Pro Stück ca. 55 kcal, 1 g EW, 3 g F, 6 g KH

1 Nüsse und Schokolade grob hacken. Zucker mit Sirup gleichmäßig vermengen (das geht am besten mit den Fingern). Aus Mehl, Zuckermasse, Salz, Nüssen, Schokolade, Ei und Butter einen Teig kneten. Den Teig zu 2 Rollen formen, in Frischhaltefolie wickeln und 30 Min. ins Gefrierfach legen.

2 Den Backofen auf 180° (Umluft 160°) vorheizen und zwei Backbleche mit Backpapier belegen. Jede Rolle in 20 Scheiben schneiden, eventuell etwas nachformen und im Backofen (Mitte) 14 Min. backen. Auf einem Rost auskühlen lassen.

Auftritt eines Traumpaars

Erdnuss-Karamell-Kugeln

200 g Mehl | 75 g Zucker | 1/4 TL Salz | 2 EL Erdnussbutter | 1 Ei (Größe M) | 100 g kalte Butter | 10 weiche Karamellbonbons | 40 Erdnusshälften

Für 40 Stück
30 Min. Zubereitung | 14 Min. Backen
Pro Stück ca. 60 kcal, 1 g EW, 3 g F, 7 g KH

1 Aus Mehl, Zucker, Salz, Erdnussbutter, Ei und Butter einen Teig kneten. Den Backofen auf 180° (Umluft 160°) vorheizen und ein Backblech mit Backpapier belegen.

2 Die Karamellbonbons vierteln. Vom Teig knapp walnussgroße Stücke abnehmen, in die Mitte 1 Stück Karamell drücken, Teig darüber sorgfältig schließen, zu einer Kugel formen und auf jede 1 Erdnusshälfte drücken. Im Backofen (Mitte) 14 Min. backen. Auf einem Rost auskühlen lassen.

mokkaherb | fein und klein

Karamell-Kaffee-Küsschen

200 g Mehl
75 g Zucker
¼ TL Salz
1 Ei
100 g Butter
3 EL Karamellsauce (Fertigprodukt)
etwa 100 g gemahlene Mandeln
100 Espressobohnen
50 g Zartbitter-Kuvertüre

Für 100 Stück | 45 Min. Zubereitung
5–6 Min. Backen pro Blech
Pro Stück ca. 30 kcal, 1 g EW, 2 F, 3 g KH

1 Den Backofen auf 180° vorheizen (Umluft 160°). Zwei Bleche mit Backpapier belegen. Aus Mehl, Zucker, Salz, Ei und Butter einen Teig kneten. Karamellsauce und so viel gemahlene Mandeln unterkneten, dass ein formbarer Teig entsteht.

2 Kleine Kugeln von etwa 2 cm ∅ daraus formen. Auf das Backblech setzen. Je 1 Espressobohne in die Mitte setzen und leicht andrücken. Die Küsschen im Backofen (Mitte) in 5–6 Min. goldbraun backen. Abkühlen lassen. Die Kuvertüre im Wasserbad schmelzen (s. TIPP Seite 18). Je 1 Tupfer auf die Espressobohnen setzen.

knusprig | gut zum Espresso

Mohn-Mandel-Schiffchen

200 g Mehl
75 g Zucker
¼ TL Salz
1 Ei
100 g kalte Butter
70 g Mohn
50 geschälte Mandeln
4 EL Karamellsauce (Fertigprodukt)
2 EL Butter

Für 50 Stück | 30 Min. Zubereitung
10 Min. Backen pro Blech
Pro Stück ca. 55 kcal, 1 g EW, 3 F, 6 g KH

1 Den Backofen auf 180° vorheizen (Umluft 160°). Zwei Backbleche mit Backpapier belegen. Aus Mehl, Zucker, Salz, Ei, Butter und Mohn rasch einen Teig kneten.

2 Aus dem Teig etwa 50 Kugeln formen. Die Mandeln mit der Karamellsauce mischen. Die Teigkugeln einschneiden, aber nicht durchschneiden. Je 1 Karamellmandel in den Einschnitt stecken und den Teig darum herum zu einem Schiffchen formen. Auf das Backpapier setzen. Die Kekse im Backofen (Mitte) in 10 Min. goldbraun backen.

3 Die Butter schmelzen, auf die Mandelschiffchen streichen. Die Kekse auf einem Rost abkühlen lassen.

oben: Karamell-Kaffee-Küsschen | unten: Mohn-Mandel-Schiffchen

knusprig kernig

Hafercookies

40 g feine Haferflocken
200 g Mehl
75 g Zucker
¼ TL Salz
1 Ei (Größe M)
100 g kalte Butter
50 g Zartbitter-Kuvertüre

Für 45 Stück | 30 Min. Zubereitung
30 Min. Kühlen | 10 Min. Backen pro Blech
Pro Stück ca. 50 kcal, 1 g EW, 2 g F, 6 g KH

1 In einer beschichteten Pfanne die Haferflocken ohne Fett hellbraun rösten. Aus Mehl, Zucker, Haferflocken, Salz, Ei und Butter einen Teig kneten. Aus dem Teig 2 Rollen von 4 cm ∅ formen, in Frischhaltefolie wickeln und 30 Min. ins Gefrierfach legen.

2 Den Backofen auf 200° (Umluft 180°) vorheizen und zwei Backbleche mit Backpapier belegen. Die Rollen in 2–3 mm dicke Scheiben schneiden. Im Backofen (Mitte) 10 Min. backen. Auf einem Rost auskühlen lassen.

3 Die Kuvertüre schmelzen (s. TIPP Seite 18). Je 2 Kekse mit etwas Kuvertüre zusammensetzen. Die Kuvertüre fest werden lassen.

fein zu Espresso und Cappuccino

Mandelbrot

100 g ganze Mandeln
200 g Mehl
50 g gemahlene Mandeln
75 g Zucker
¼ TL Salz
1 Eiweiß
½ Fläschchen Bittermandelaroma
1 Ei (Größe M)
100 g Butter

Für 60 Stück
30 Min. Zubereitung | 30 Min. Backen pro Blech
Pro Stück ca. 45 kcal, 1 g EW, 3 g F, 4 g KH

1 Die Mandeln klein hacken. Aus Mehl, gemahlenen und gehackten Mandeln, Zucker, Salz, Eiweiß, Bittermandelaroma, Ei und Butter einen Teig kneten. Den Backofen auf 180° (Umluft 160°) vorheizen und ein Backblech mit Backpapier auslegen.

2 Aus dem Teig 4 Rollen von 25 cm Länge formen und aufs Blech legen. Im Backofen (Mitte) 25 Min. backen. Backofen ausschalten. Die noch heißen Rollen schräg in 1 cm dicke Scheiben schneiden. Auf dem Blech ausbreiten und noch einmal 5 Min. in den Backofen schieben. Auf einem Rost auskühlen lassen.

links: Mandelbrot | rechts: Hafercookies

Zum Gebrauch
Damit Sie Rezepte mit bestimmten Zutaten noch schneller finden können, stehen in diesem Register zusätzlich auch beliebte Zutaten wie **Mandeln** oder **Schokolade** – ebenfalls alphabetisch geordnet und **hervorgehoben** – über den entsprechenden Rezepten.

A

B/C

D/E

F/G

H

I/J/K

L

M

DAS ORIGINAL MIT GARANTIE

Ihre Meinung ist uns wichtig. Deshalb möchten wir Ihre Kritik, aber auch Ihr Lob erfahren, um als führender Ratgeberverlag noch besser zu werden. Darum schreiben Sie uns! Wir freuen uns auf Ihre Post und wünschen Ihnen viel Spaß mit Ihrem GU-Ratgeber.

Unsere Garantie: Sollte ein GU-Ratgeber einmal einen Fehler enthalten, schicken Sie uns das Buch mit einem kleinen Hinweis und der Quittung innerhalb von sechs Monaten nach dem Kauf zurück. Wir tauschen Ihnen den GU-Ratgeber gegen einen anderen zum selben oder ähnlichen Thema um.

GRÄFE UND UNZER VERLAG

Redaktion
Kochen & Verwöhnen

Postfach 86 03 13
81630 München
Fax: 0 89/4 19 81-113

oder schreiben Sie uns eine E-Mail an:
leserservice@graefe-und-unzer.de

Die Temperaturangaben bei Gasherden variieren von Hersteller zu Hersteller. Welche Stufe Ihres Herdes der jeweils angegebenen Temperatur entspricht, entnehmen Sie bitte der Gebrauchsanweisung. Bei Elektroherden können die Backzeiten je nach Herd variieren.

Programmleitung: Doris Birk
Leitende Redakteurin:
Birgit Rademacker
Redaktion: Monika Greiner
Lektorat: Adelheid Schmidt-Thomé
Layout, Typografie und Umschlaggestaltung: independent Medien-Design, München
Satz: Uhl + Massopust, Aalen
Herstellung: Martina Müller
Reproduktion:
Penta Repro, München
Druck und Bindung:
Appl, Wemding

ISBN (10) 3-8338-0316-9
ISBN (13) 978-3-8338-0316-X

Auflage	5.	4.	3.	2.	1.
Jahr	2010	09	08	07	06

GRÄFE UND UNZER
Ein Unternehmen der
GANSKE VERLAGSGRUPPE

Die Autorinnen

Stefanie Poziombka verbindet als Oecotrophologin und Redakteurin beim GRÄFE UND UNZER VERLAG die Ernährungswissenschaft wunderbar mit dem Anspruch auf Genuss.

Birgit Rademacker, leitende Redakteurin der Redaktion Kochen & Verwöhnen des GRÄFE UND UNZER VERLAGES, hat eine Leidenschaft für genussvolles Kochen und Backen. Vom bewährten Back-Team stammt bereits der KüchenRatgeber »Mehr neue Muffins«.

Der Fotograf

Michael Brauners individueller, stimmungsvoller Stil wird in der Werbung ebenso wie bei vielen bekannten Verlagen geschätzt. In seinem Studio in Karlsruhe setzt er die Rezepte zahlreicher GU-Titel ins Bild.

Bildnachweis:

Titelfoto: Joerg Lehmann, Paris; alle anderen: Michael Brauner, Karlsruhe

Titelbildrezepte:

Schokoberge von Seite 18, Zitronenbrezel von Seite 47, Knusprige Marzipan-Täschchen von Seite 34 und Karamell-Kaffee-Küsschen von Seite 56.

GU-EXPERTEN-SERVICE

Haben Sie Fragen zu den Rezepten oder benötigen Sie weiteren Rat zum Thema? Dann schreiben Sie uns. Unsere Experten helfen Ihnen gerne weiter. Unsere Adresse finden Sie links.

Die Kür für Kekse – Glasuren und Deko

Die Deko soll nicht nur das Auge locken. Oft ist sie auch das i-Tüpfelchen für den Geschmack. Die Mühe sollten Sie also auf sich nehmen.

Schokoladenüberzug Um feine Muster auf Kekse zu spritzen, reichen kleine Mengen Kuvertüre. Praktisch sind da im Handel angebotene Schokoglasuren in einer Spritzflasche. Je nach Bedarf schmilzt man die Glasur im Wasserbad. Nicht verbrauchte Glasur einfach wieder erstarren lassen und kühl aufbewahren bis zum nächsten Mal. Für große Mengen ist jedoch die Kuvertüre am Stück die preiswertere Wahl. Kuvertüre gibt es in den Sorten Zartbitter, Vollmilch und Weiß.

Zuckerguss Eine gute Mischung sind 100 g Puderzucker und 1 EL Flüssigkeit wie Wasser, Zitronensaft oder Rosenwasser. Leichter löst sich der Zucker, wenn man die Flüssigkeit heiß macht. Wer mag, färbt den Zuckerguss mit Lebensmittelfarbe. Bei flüssiger Lebensmittelfarbe je nach eingesetzter Menge die ursprüngliche Flüssigkeit reduzieren oder noch etwas Puderzucker nachgeben, damit der Guss fester wird.

Feines aus der Tüte Sowohl Schokolade als auch Zuckerguss lassen sich mit kleinen Spritzbeuteln in feinen Linien aufspritzen. Dazu eine Spitze eines kleinen Gefrierbeutels füllen. Die Tüte oben zudrehen und unten erst eine kleine Ecke abschneiden. Ist dann das Loch zu klein, einfach ein bisschen mehr abschneiden. Wird nicht die ganze Glasur verbraucht, die Tüte oben und unten mit einer Klammer verschließen und im Kühlschrank aufbewahren.